RADIOHEAD

COLIN GREENWOOD

HOW TO DISAPPEAR

RADIOHEAD EM IMAGENS

Belas Letras

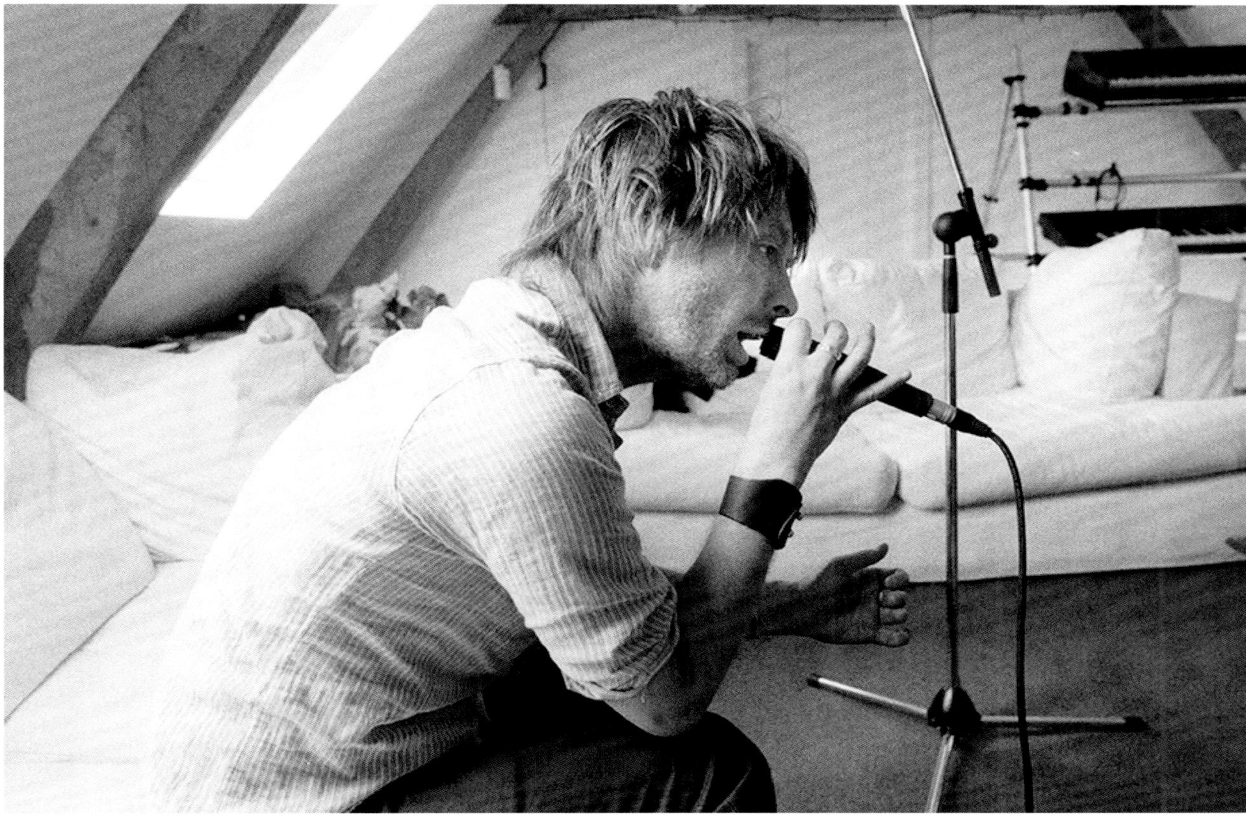

LAINVIEW

Premier

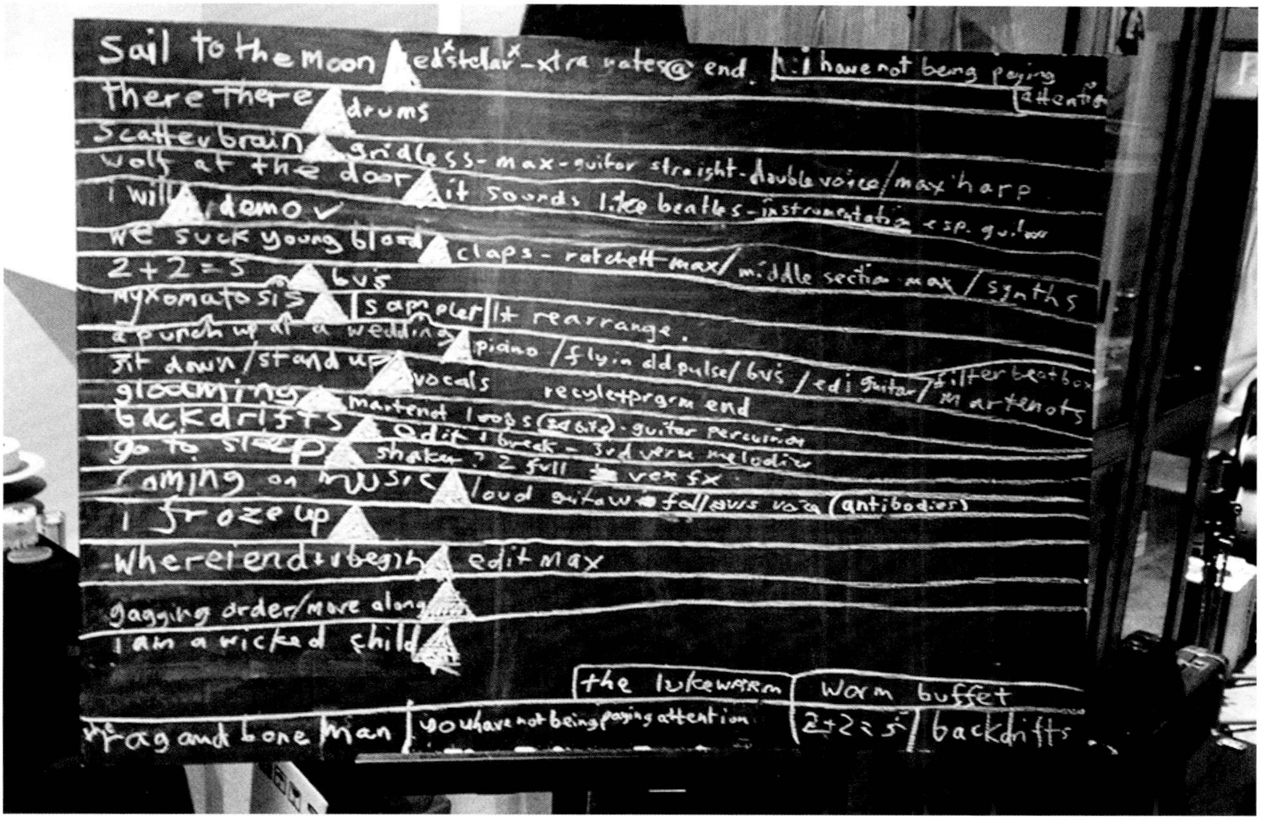
Sail to the Moon
there there
drums
scatterbrain
wolf at the door
we suck young blood
claps - ratchett max/ middle section max / synths
2+2=5
myxomatosis
sampler
rearrange.
sit down/stand up
vocals
gloaming
backdrifts
go to sleep
i froze up
edit max
gagging order/move along
i am a wicked child
the lukewarm
warm buffet
rag and bone man
you have not being paying attention
2+2=5
backdrifts

Cliques Furtivos

A maioria destas fotos foi tirada de 2003 em diante, quando o Radiohead já tinha atingido sucesso com *OK Computer* e *Kid A / Amnesiac*. Elas ilustram o meio da nossa carreira: toda a alegria, dúvida, confiança e incerteza pelas quais oscilaríamos, como muitas bandas.

A perspectiva é unicamente minha: cliques furtivos que nasceram de um mundo compartilhado – nos conhecemos na escola e continuamos juntos desde então. Dediquei quase toda a minha vida profissional a essa banda, seja tocando em um palco ou escondido em um estúdio de gravação, onde tentei capturar meus amigos com minha câmera Yashica T4 Super, uma caixa de plástico preta e analógica que registra luz, assim como nossos discos de vinil registram som.

Passamos muito pouco tempo juntos quando não estamos no ciclo de gravação e turnê; quando nos reunimos, é como maratonar a temporada mais recente de uma série que está há eras no ar: tudo é essencialmente o mesmo, mas todos estamos um pouquinho mais velhos. Graças ao nosso produtor brilhante e velho amigo Nigel Godrich, alguns dos estúdios em que gravamos foram "improvisados": mesas de mixagem e gravadores de fita foram transferidos para lares elegantes em Hollywood, ou para casas abandonadas e úmidas em algum campo na Inglaterra. As escolhas simples que nos uniram no começo acabaram, com o passar do tempo, sendo modificadas pelos ramos e afluentes complicados de nossas vidas individuais. Uma reunião em momentos assim é tanto viciante quanto reconfortante – uma comunhão por meio da música.

Quando estamos juntos, boa parte do tempo é tomada por expectativa – para ensaiar, gravar, viajar, fazer shows –, alternando entre esses estados repetidamente. Às vezes, eu fotografava durante os intermináveis momentos de descanso, quando ficávamos bem entediados, presos por horas em salinhas sem janelas, fazendo as típicas rotinas para passar o tempo: palavras cruzadas, cochilar, ler ou, como eu, incomodar os outros.

Eu me inspirei em alguns dos grandes fotógrafos, assim como, musicalmente, tento emular meus heróis do baixo. *Tiny Vices*, o site mantido por Tim Barber em 2005, foi uma influência importante: uma galeria on-line antes da era Instagram, contendo imagens enviadas a ele de todas as partes do mundo – cliques de pequenos prazeres, fotos de amigos, viagens pela estrada documentadas com câmeras de 35 mm, como a minha –, belamente organizadas por meio da curadoria de um expert. Graças a ele, aprendi a criar um evento de uma imagem casual. Encontrei-o uma vez em Nova York, e foi ele que me recomendou a câmera Yashica que usei na maior parte deste livro.

Também experimentei com câmeras diferentes, achando novas formas de capturar o momento, tentando preencher a imagem com o que parecia vital naquele instante. Me interessei na fotografia puramente como uma forma de gerar provas, registros forenses de como trabalhamos e modificamos um espaço: celeiros fechados, casas abandonadas no campo, arenas vazias. E, enquanto eu tocava, tinha um par de câmeras de plástico baratas a postos, em cima do meu amplificador e alto-falante de 8 x 10 polegadas Ampeg SVT, que eu poderia pegar quando tirasse minhas mãos do meu baixo. Tipicamente o baixo percorre toda a duração de uma canção, mas há muitas pausas e espaços nas linhas de baixo das nossas músicas, quando eu paro e, depois, volto. Bem no meio da parte de trás do palco, entre Clive, nosso segundo baterista por alguns desses anos, e Phil – dois homens carecas disputando um baixista –, eu aproveitava essas oportunidades. Todo o som e a luz que nos envolviam distraíam os outros da minha câmera, permitindo momentos de candura e desinibição.

Uma vez, lembro que Thom estava segurando um cristal que Jason Evans tinha trazido para uma sessão de fotos profissional que ele estava fazendo, como parte de seus experimentos com a distorção e a refração de ondas de luz na lente de sua câmera. Percebi que ele estava tentando fazer algo similar à nossa manipulação de ondas sonoras: desacelerando-as, atrasando e separando, desfocando as bordas. No palco, as luzes de Andi Watson ocasionalmente queimavam partes da imagem que eu tentava capturar durante uma canção. Eu aprendi a ser grato por esses acidentes felizes e a acolhê-los.

Um dos meus maiores arrependimentos é de não ter sido mais ousado com a lente, não ter me aproximado para tirar mais fotos. Eu fico tímido com a câmera. Mas não estou lá para tirar fotos e, às vezes, acho complicado operar nas funções distintas de músico e fotógrafo. Eu tento não perambular pelo palco como um turista perdido. Você está preparando o enquadramento, buscando o momento revelador, aquele impulso de pressionar o disparador antes de o sentimento e a imagem se perderem naquela avalanche de sensação, som, fumaça e luz. Invadir e registrar uma experiência coletiva pode parecer intrusivo e disruptivo, especialmente quando você faz parte do grupo que está tentando *participar* do momento. Ainda mais quando você fotografa pessoas que ficam receosas com esse processo. Na maior parte, os outros apenas toleraram meus registros, mas meu irmão os acolheu de vez. Se você quiser o livro *Jonny Greenwood: minha vida no rock*, já tenho ele pronto. Há provavelmente mais fotos dele do que qualquer outra pessoa aqui: de longe, sempre foi o mais feliz de estar na frente da câmera. Talvez, por ser seu irmão mais velho, eu pudesse mandar um pouco nele.

No Começo

Todos estudávamos na mesma pequena escola particular em Abingdon, logo ao sul de Oxford. Eu estava infeliz lá, até o ensino médio, aproximadamente, quando descobri que podia escapar para o lado acadêmico e extracurricular das coisas: literatura e a banda. O departamento de música era administrado por um diretor inspirador, Terry James, que também era meu vizinho em um pequeno beco perto da estação da Força Aérea de Abingdon. Eu lembro que uma vez ele surgiu da porta de sua casa, do outro lado da rua, com suas mangas arregaçadas e seus braços e cabelos brancos de farinha, porque estava fazendo pão. Anos depois, quando ele já estava aposentado, nós tocamos em uma arena perto de Cardiff, e ele foi ao show. Depois, foi ao camarim e nos deu uma aula, generosamente comparando nossa música à do compositor francês do começo do século XX Francis Poulenc. Eu logo saí comprando tudo que pudesse encontrar de Poulenc. Eu amava sua invenção melódica brilhante, mas não conseguia ouvir a conexão com nosso som. Mas isso era típico de Terry – uma gentileza elogiosa, sempre animado para compartilhar seu amor pela música. Uma vez, lembro que ensaiamos em um domingo na escola e, no dia seguinte, o diretor nos enviou uma conta no valor de £60. Talvez tenhamos perturbado seu fim de semana. Terry levou a conta de volta ao escritório do diretor, rasgou-a ao meio e deixou-a sobre sua escrivaninha.

Ensaiávamos constantemente, mas nunca fazíamos shows. Eu devo ter reservado a maioria dos centros comunitários do sul de Oxfordshire para nossos ensaios. Meu irmão e eu éramos jovens demais para dirigir, então nos amontoávamos no pequeno Fiat amarelo de Ed ou no Fusca branco de Phil. No começo, tocar com a banda tinha mais a ver com o companheirismo e o acesso a pessoas de idades diferentes – Phil e Ed estavam em anos mais avançados. Os ensaios tornaram-se um ambiente reconfortante para compartilharmos piadas e conversas que ajudaram a suavizar as mudanças bruscas e longos períodos de tédio da adolescência.

O primeiro show em que eu toquei foi numa festa de ensino médio regada a álcool, em um clube de rúgbi no oeste de Oxford, com Ed, Thom e uma bateria eletrônica. O primeiro show com meu irmão foi no subterrâneo Rock Garden, que agora abriga uma iluminada loja da Apple, feita de tijolo e vidro, em Covent Garden. Jonny não tocava guitarra na época, apenas teclado e uma flauta de metal. Eu tinha esquecido de trazer um suporte, então ele teve que tocar o primeiro show de sua vida com o sintetizador apoiado em um amplificador, de costas para a plateia de amigos que tínhamos trazido de Oxford. Gosto de pensar que, se fôssemos americanos, estaríamos tocando shows em bares lotados, tarde da noite, antes de ir ao estúdio para gravar no início do dia, como meus heróis da Motown e de Memphis. De fato, raramente tocávamos em público, e passávamos longas férias de verão e recessos isolados naqueles centros comunitários, locais cheios de eco onde montávamos nosso equipamento em meio a atividades para bebês e cafés da manhã, ensaiando entre tapetes acolchoados e cadeiras infantis.

Nossos primeiros shows de verdade foram em um pequeno pub em Oxford, o Jericho Tavern. Tocamos lá algumas vezes no verão de 1991, culminando com uma apresentação no outono, em que cerca de 30 pessoas da área de A&R viajaram de Londres para nos ver. Mac, o promoter, também encarregado da mixagem de som e da curadoria da cena local, fez todos eles pagarem por suas entradas. Tocar em um palco minúsculo, com a plateia quase em cima de você, além de fazer parte dessa mesma plateia enquanto apoiávamos as bandas de abertura, antes de fazer nosso show, é uma conexão que tento manter, apesar de agora tocarmos em palcos mais distantes do público. Até hoje, eu passeio pela plateia antes do show.

No fim de 1991, já tínhamos empresários e um contrato de gravação com a EMI, assinado por um homem chamado Nick Gatfield, que tinha tocado com os Dexys Midnight Runners. É o saxofone dele que ouvimos em "Come On Eileen". O Metallica e o Nirvana eram bem grandes, e talvez a EMI achasse que estava obtendo alguma mistura desses elementos conosco. Eu me lembro de pegar o ônibus para o escritório da EMI, na esquina da Manchester Square, em Londres, famosa pelos Beatles e Sex Pistols, e ser levado a uma sala de reunião para conhecer o chefe da empresa, Rupert Perry, confortável com um pulôver natalino e uma caneca de café em suas mãos. Ele disse que só o veríamos de novo se vendêssemos muitos discos, uma espécie de sequestro ao contrário. Então pegamos o ônibus de volta para nossas casas, em Oxford, onde alguns de nós fomos até o pub, sob chuva, para comemorar.

Meu Primeiro Baixo

Quando começamos a tocar, com minhas aulas de violão clássico no meu bolso de trás, não imaginava que assumiria o papel de baixista. Mas o Ed já tinha uma guitarra, então me pediram para tocar baixo. Alguém do Stereolab uma vez disse algo sobre o baixo que ficou comigo: é a ponte que liga a melodia da voz e da guitarra com o ritmo da bateria. Durante as sessões de gravação do nosso primeiro disco, *Pablo Honey*, Paul e Sean, nossos produtores americanos do single "Creep", gritavam para mim: "Você é a cola!"

Músicas que contêm o baixo em sua essência sempre foram influências fundamentais para mim. Eu tinha um pequeno toca-fitas mono da Toshiba, um presente de aniversário que foi minha porta de entrada para canções, aos 13 anos de idade. Eu escutava com aquilo obsessivamente, buscando a melodia mais grave no som daquele pequeno alto-falante de três polegadas – álbuns de bandas como Joy Division, The Fall, Cocteau Twins. Eu adorava o soul antigo, especialmente Otis Redding. Eu aprendi a tocar com as linhas de baixo melódicas de Donald "Duck" Dunn, que conectavam os vocais imensos e desejosos de Redding ao som da gravadora Stax que a banda de Booker T trazia. Muitos discos de pós-punk da minha irmã mais velha também me educaram, especialmente *Unknown Pleasures*, do Joy Division, com o baixo destacado de Peter Hook, e as linhas ainda mais melódicas que ele tocava com o New Order, assim como sua jornada para o dance e ritmos eletrônicos.

O primeiro baixo que eu tive era um Westone Spectrum DX preto. Minha mãe o comprou para mim. Ela sempre encorajou Jonny e eu a nos dedicarmos à música. Eu amava aquele Westone, é claro, mas, assim que conseguimos um contrato e dinheiro para comprar mais instrumentos, eu o troquei por um caro Ernie Ball Music Man StingRay (muitas bandas indie dos anos 1990 usavam esse modelo, como Curve e Ride), também na cor preta. Meu Westone abandonado acabou sendo usado como peso de porta no escritório do nosso agente.

O baixo Music Man tinha uma bateria em seu interior, o que lhe dava um som agressivo e vibrante que podia atravessar todos os outros instrumentos. Mas parecia muito ousado e novo para mim. Posteriormente, eu tive um lindo StingRay 1976, verde-escuro, um dos primeiros já feitos. Um amigo de uma banda americana com quem saímos em turnê, The Werefrogs, o vendeu para mim, sob a condição de que eu o venderia de volta para ele se algum dia enjoasse do baixo. Era um dos baixos com o som mais profundo e com mais alma que já tive. Eu amava aquele baixo. Gravei apenas uma música com ele – "Lucky", de *OK Computer* –, antes de ser roubado, assim como todos os nossos instrumentos, de dentro de um hotel barato perto do aeroporto em Denver, em 1995. Se alguém do Colorado estiver lendo isso e souber de algo, ainda gostaria de recuperar aquele baixo. Estávamos em turnê abrindo para o Soul Asylum na época, e tivemos que dirigir mais de 1.600 km até o Black Market Music, em São Francisco, onde obtivemos um novo estoque de instrumentos. Na época, dava para entrar em uma loja e comprar guitarras antigas e incríveis, antes do surgimento do eBay transformá-las em investimentos fáceis para mercadores ricos. Eu escolhi um Fender Precision 1976, pesado e batido, *sunburst* na cor tabaco, o mesmo baixo tocado por muitos dos meus heróis, como Dunn e James Jamerson, da Motown.

Eu também comprei outros, incluindo um Precision dos anos 1960, de Nashville, Tennessee. Todo riscado e descascado, com acabamento *sunburst* e um escudo trincado coberto de pontinhos laranja, ele veio acompanhado de uma carta explicando que tinha sido usado na banda de Steve Earle. Aquele baixo quer ser tocado tanto no estúdio quanto no palco – ele simplesmente canta. Recentemente, toquei no Ryman Auditorium com Nick Cave, acompanhando-o pelos EUA enquanto ele reconfigurava seu repertório incrível para ser tocado em performances íntimas com apenas baixo, piano e voz. O Ryman, que já tinha sido lar da primeira versão do programa Grand Ole Opry, em Nashville, era uma capela com vitrais e bancos de madeira, inspirada por antigos tabernáculos e locais de culto. Tocar naquele palco me inspirou a procurar um baixo que fizesse parte daquela cultura rica.

Estúdios de Gravação

Em 1988, Ed e Thom ligaram para o Chipping Norton Recording Studios de um telefone público, perguntando se poderiam reservar o local para gravar nossas demos. O local, que tinha sido uma escola vitoriana, acabou transformado em um estúdio residencial profissional, famoso pela música "Baker Street", de Gerry Rafferty. Infelizmente, não conseguíamos arcar com o custo de £900 por dia, então optamos por casas de amigos e estúdios menores. Alguns anos depois, percebemos que tínhamos o dinheiro para gravar *Pablo Honey* no CNRS, e lembro do quão animados ficamos de estar lá, mesmo se fosse a apenas 30 quilômetros de casa. Tinha uma jukebox neon que tocava discos de 45 polegadas riscados, faixas antigas de soul como "Back Stabbers", dos O'Jays, que fingíamos tocar enquanto jogávamos sinuca. Acordávamos, tomávamos um café da manhã completo e logo entrávamos no estúdio para gravar. *Pablo Honey* foi feito por Sean Slade e Paul Q. Kolderie, de Boston, que foram responsáveis por alguns de nossos discos favoritos com artistas como Buffalo Tom, Pixies e Dinosaur Jr. Eu me lembro da primeira vez que Thom e eu fomos buscá-los no Randolph Hotel, em Oxford, com nossa van branca enferrujada, e o porteiro não nos deixava entrar.

Assim como nas imagens que Paul Jackson gravou dos Beatles ensaiando em Richmond, Londres, nós começávamos nossas sessões sentados em roda, com nossos instrumentos, bebendo chá e conversando – os papos e o humor compartilhado de amigos que tinham crescido juntos. Em *Pablo Honey*, e especialmente em *The Bends*, estávamos essencialmente aprimorando canções que já tínhamos tocado incontáveis vezes nos palcos dos EUA. Era difícil remoldá-las em um formato que merecesse ser repetido em um disco, dando-lhes uma característica e uma aura única, algo que fosse distinto da experiência ao vivo. É claro que isso veio da voz de Thom, e do tratamento que nossas músicas receberam de Sean, Paul, John Leckie e, especialmente, Nigel Godrich.

Nigel está conosco desde que começamos a trabalhar com ele em *The Bends*, quando ele auxiliava John Leckie no estúdio RAK, em St. John's Wood, Londres. Um dia, enquanto John estava mixando músicas no Abbey Road, gravamos "Black Star" com Nigel, e a intenção era que a canção fosse um lado B. Mas ele acrescentou algo a ela, e percebemos que a música merecia um espaço no disco. Isso nos deu a confiança para trabalharmos com ele em *OK Computer*. Nigel encontra um "equilíbrio" tão rapidamente, nos permitindo achar a coerência e a beleza nas músicas que estamos construindo, todo aquele processo exploratório de ficar tocando os instrumentos em uma sala até algo dar certo, com ele na sala ao lado, controlando os faders. Ele consegue criar algo a partir de nada; com ele, o estúdio em si acaba se tornando outro instrumento musical a nosso dispor, transformando as músicas de meros documentos da banda tocando em algo novo que estamos animados para levar ao mundo.

RADIOHEAD

Roland

VOX

EXCUSE ME!

NERVOUS BURY ME
IN THE CLOUDS
BARREN KISSES
DOUBLESPEAK
WAR
MONEY
ATOLL
HERETIC
PEACEANDLOVE
RANGE ROVER
SKINNED ALIVE
CLOWN
VICTIM
BLACK SMOKE
SWEET
GUILT
HAIL
TORN
NERVOUS
PLAGUE
FODDER
I WILL EAT YOU
VEIL OF SECR ECY
THIS LADDER
EMERGING
MARKETS
LANDFILL
MOUTHWASH
WHITEWASH
WARWASH
CAVE
ECCE
MORD

YAZAKI
WEDGE

Nosso Próprio Estúdio, Camarins, América

Nosso Próprio Estúdio

Após um tempo, decidimos construir nosso próprio estúdio, perto de nossos lares, em Oxford. Em 1999, achamos um celeiro grande, em uma pequena vila perto do Rio Tâmisa, e o convertemos, já prontos para começar a trabalhar nas gravações que se tornariam *Kid A* e *Amnesiac*. Era um espaço de teto alto, com escadas em espiral e balaústres, tudo de madeira robusta, como uma casa na árvore escondida naquele lugar que antigamente armazenava o dízimo da população local. Havia uma sala de teto abobadado, para compor e ensaiar, ligada por um par de portas grandes e brancas à sua sala gêmea, uma sala de controle com uma mesa de mixagem e equipamentos externos. A sala de controle tinha um carpete luxuoso e espesso, de lã vermelha, escolhido por Thom e eu em uma loja de departamento Allders, em Oxford. Acima disso, tinha um mezanino, onde Dan, que assina pelo nome Stanley Donwood, ficava trabalhando nas imagens enquanto a música tocava abaixo.

A partir de *The Bends*, Dan colaborou com Thom para criar a arte de todos os nossos discos e produtos; ele é uma parte importante de como transmitimos nossa música ao mundo. A primeira vez que se encontraram foi quando estudavam Arte, em Exeter.

Na outra ponta do celeiro, acima de uma cozinha e uma sala de estar, uma curta escada em espiral levava a uma sala com paredes de madeira que virou um segundo estúdio, um pequeno espaço para projetos com uma antiga mesa de mixagem Neve, teclados vintage e sofás brancos, enfiados debaixo dos beirais inclinados do telhado. Havia quartos abaixo, com vista para o jardim de uma chácara, com canteiros elevados para plantar vegetais, um antigo pomar repleto de ameixeiras, marmeleiros e macieiras do tipo Spartan, Bramley e outros. Eu fazia chutney, tortas e pasta de marmelo.

Nos fundos da chácara em que estava o celeiro, havia um estábulo que convertemos em uma área de armazenamento. Dentro de um de seus compartimentos, instalamos um enorme forno a lenha para aquecer um estúdio onde Thom e Dan pintavam. Tinha um piso de terra e pequenas carteiras e cadeiras de madeira, já desgastadas, resquícios da carreira na educação do antigo dono. Após longos períodos em turnê, finalmente voltávamos para casa, para compor ou ensaiar, e o chão estava coberto de pedacinhos de cocô de rato, cheios de vermes, mas em cores brilhantes, pois os roedores comiam os tubos de tinta que Dan descartava.

Enquanto Nigel editava – ou quando o trabalho ficava intenso e focado demais –, às vezes eu fugia até lá para passar um tempo com Dan, enquanto ele riscava e raspava suas tintas acrílicas em telas quadradas enormes, ouvindo versões precoces das nossas músicas, gravadas em CDs virgens, em um boom box antigo que ficava no canto. Vê-lo trabalhando, e ver como nossas músicas ainda não finalizadas o inspiram, tem sido uma agradável distração do estúdio.

Dan é um ciclista e pegava um trem em Bath para chegar até nós, embarcando com sua bicicleta preta e grande. Ele trabalhou conosco na maioria de nossas aventuras em estúdios, naquelas casas campestres, velhas e abandonadas. Na Tottenham House, em Wiltshire, à beira da Savernake Forest, para o disco *In Rainbows*, ele armou sua tenda Albion de lona, perfeita para festivais, no gramado dos fundos da casa, um pouco acima do nível dela. Ele a aquecia com um pequeno fogão, enquanto nós tremíamos de frio nos trailers gelados. Mais recentemente, ele se juntou a nós no estúdio La Fabrique, no sul da França, para as sessões do álbum *A Moon Shaped Pool*. Ele construiu umas caixas quadradas de 1,5 m cada, com 30 cm de profundidade, impermeabilizou-as, preencheu-as com água e pigmentos a óleo, e imergiu telas enormes dentro delas, deixando o vento e o clima fazerem o resto, rodopiando as tintas pelas superfícies, uma espécie de marmorização massiva.

Quando gravamos, é normal que o baixo e a bateria sejam os primeiros instrumentos a serem registrados. Quando fico entre dois alto-falantes, tocando com o ritmo do Phil, eu tenho o melhor assento da casa. Também me sinto assim quando estou no palco, tocando ao lado do Phil, vendo-o atrás de sua bateria. Na turnê *In Rainbows*, Phil se apresentava com ternos impecáveis, feitos por um velho amigo e ex-alfaiate da Savile Row, David Clarke, que acrescentou um tecido extra na região das axilas de seus paletós, como ele teria feito para um condutor de orquestra, para os movimentos dos braços. Phil sempre forneceu um ritmo e uma batida que revelam a linha de baixo de forma natural e inevitável para mim, me levando em direção ao som que encaixa com os vocais de Thom. Às vezes, as músicas que gravamos nasceram apenas da voz e do violão de Thom; outras vezes, temos que passar horas ouvindo e reouvindo um dos fundos musicais de Nigel – por exemplo, quando gravamos *OK Computer* na mansão do século XVI que Jane Seymour tinha, perto de Bath –, absortos no panorama musical lindo que ele criava com nossos instrumentos, todos os loops e samples espalhados por metros de fita magnética, enrolada em pedestais de microfones no chão da sala de controle.

Muitos músicos extraordinários tocaram em nossos discos no passar dos anos, na maioria dos casos executando arranjos musicais criados pelo meu irmão. Desde as primeiras composições que fez para *The Bends*, Jonny tem trazido novas cores para nossa música, moldando a temperatura emocional das canções, criando um conjunto carregado e dinâmico, como os arranjos de cordas em "How to Disappear Completely" e "Pyramid Song". Em *Amnesiac*, Humphrey Lyttelton e sua banda de jazz acrescentaram um swing melancólico ao estilo Dixie a "Life in a Glasshouse". No mesmo estúdio, RAK, Jonny compôs para o coro feminino de *A Moon Shaped Pool*. A chegada de músicos profissionais no estúdio nos deixa em alerta – há um encantamento com eles, mas também um receio à forma de incorporar suas contribuições à caixinha de música fechada que já somos. Estamos procurando algo que complete a experiência da canção, remetendo a ideais estéticos que nos influenciaram – por exemplo, o amor de Thom por *Town Hall Concert*, de Charles Mingus, com seus metais selvagens indo uns contra os outros, levou ao improviso de instrumentos de sopro no fim de "The National Anthem", de Kid A.

Nunca houve um estilo predominante a que todos aderissem – nossa dieta musical é variada e díspar. Todos trazemos músicas que nos inspiram ao estúdio. Eu me lembro de quando Ed tocou "I Am the Walrus" na casa de Jane Seymour, na mesa de mixagem e nos alto-falantes na biblioteca, perante a vista para o extenso jardim do período do rei James – toda aquela alegria confeccionada com os artifícios tecnológicos inovadores do Abbey Road. Ouvir aquela canção, no momento em que estávamos prestes a gravar as primeiras sessões de *OK Computer*, foi ao mesmo tempo aterrorizante e inspirador.

Escuto uma música, e isso ativa algo em mim, recupera um momento da minha biblioteca de memórias musicais – um estilo, um segmento, um sentimento ou um arranjo. Na minha cabeça, nossa música é uma conversa com outros músicos – para mim, Isaac Hayes está presente em "Weird Fishes / Arpeggi", e Al Green aparece numa performance ao vivo de "Nude" em Tóquio. Essas respostas são pessoais, e certamente não fazem sentido para mais ninguém. São tratados emocionais entre o que estamos tocando e criando e a jornada musical que eu tive para me levar até aquele momento.

Ambas essas músicas estão no lado A de *In Rainbows*, um disco que começamos na Tottenham House. Aquele lugar parecia mal-assombrado para mim, assustador e estruturalmente precário demais até mesmo para dormir ali. Tinha sido uma escola preparatória no pós-guerra, com um ginásio subterrâneo. Seus banheiros abandonados, cheios de moscas, continham pequenas pias manchadas onde as crianças escovavam seus dentes. Trabalhávamos em grandes salões nobres, com vista para a *orangerie* detonada e enferrujada do local, que tinha perdido todos os seus vidros graças a uma explosão ali perto, quando estadunidenses se livraram de um excesso de munição após a guerra. Eu me lembro de quando me sentei nos degraus de pedra atrás da sala de controle que Nigel tinha construído, tocando com a bateria de Phil na frenética "Jigsaw", de costas para o gravador de fita de 24 pistas Otari, observando os espinheiros e as sarças que cresciam ao redor da carcaça contorcida da estufa.

Foi um outubro frio. Dormíamos em pequenos trailers estacionados no gramado dos fundos e comíamos em um salão enorme de madeira nua e gesso, onde ficaram sem dinheiro antes de marmorizar as paredes. A ambição dos proprietários tinha idealizado apenas o tamanho da casa, e às vezes imaginávamos se, ao alugarmos a propriedade para nosso álbum, não tínhamos feito o mesmo conosco. Motociclistas estacionavam no fim do longo passeio da entrada e andavam pelo pasto habitado por ovelhas. Com suas roupas de couro, eles observavam o eminente monumento ao Rei Jorge III, analisavam a grama e caçavam cogumelos mágicos. Nos fins de semana em que voltávamos às nossas casas, um "segurança" asmático com um taco de beisebol vigiava nosso estúdio improvisado, ocupado por consoles e guitarras em seus suportes. Ficamos tremendamente felizes de retornar ao nosso aconchegante celeiro em Oxfordshire, onde Nigel tinha instalado sua linda mesa Automated Processes, Inc. na sala de controle para mixar aquelas gravações da Tottenham House.

A primeira vez que gravamos nos EUA foi em *Hail to the Thief*, de 2003, no estúdio Sunset and Gower, da Ocean Way, em Los Angeles. No começo de janeiro de 2010, retornamos a Los Angeles para continuar gravando *The King of Limbs*. Dessa vez, todos nos hospedamos e trabalhamos na casa de Drew Barrymore, a mesma casa acima da Sunset Boulevard que já tinha hospedado os Beatles e Dean Martin, e que aparece no assombrado *À Queima-Roupa*, filme sobre vingança e gângsteres dirigido por John Boorman. A beleza enevoada e dispersa de nosso local de gravação infiltrou-se na música que estávamos tentando fazer, que se preocupava menos com as estruturas das canções e mais com os ritmos e texturas: bases musicais que fossem inspiradoras o suficiente para Thom querer compor e cantar sobre elas. A sala de cinema tornou-se nossa sala de controle, e montamos uma sala para tocar ao vivo na entrada da casa, com uma vista para West Hollywood, abaixo de nós. Phil tocava sua bateria em uma sala formal ao lado, iluminada por um lustre. Após passarmos nossas infâncias na Inglaterra sombria dos anos 1970, a luz limpa da Califórnia parecia outro mundo para nós.

Como cresci em uma área residencial de Oxfordshire, lembro que ficava encantado com o escapismo brilhante dos filmes de James Bond e seus apetrechos, garotas e armas. Músicas incríveis, também. Nos anos 1990, às vezes tocávamos "Nobody Does It Better", de Carly Simon, no bis – dá para encontrar uma gravação em alguma página arcaica na internet. Então, quando Sam Mendes e Barbara Broccoli nos contataram para gravar a canção-título de *007 Contra Spectre*, aproveitamos a oportunidade. Eles queriam algo na mesma linha de "Pyramid Song". Com as letras sombriamente maravilhosas de Thom e os arranjos de cordas grandiosos e melódicos de Jonny, "Spectre" foi gravada no espaço amplo do Studio 1, Air Studios, Belsize Park, Londres. No fim das contas, nossa canção não foi usada no filme, portanto decidimos lançá-la como um presente de Natal para nossos fãs. Desde então, teve uma breve existência em nossos shows. Espero que possamos tocá-la ao vivo novamente, e com uma orquestra.

Camarins

Camarins são espaços liminares, mundos entre mundos. Os melhores tendem a ser os trailers estacionados em círculo ao redor de um gramado artificial, com pebolim, tênis de mesa e sofás para tirar um cochilo, iluminados por luzes de Natal. Os piores são improvisados atrás de alto-falantes gigantescos em algum campo na Europa, barracões frágeis cujas paredes chacoalham com as explosões de baixo do Major Lazer. Em um festival, onde muitas bandas ficam reunidas em cubículos, a espera para subir ao palco pode parecer com o momento de ansiedade antes de um exame médico: o pavor de um procedimento prestes a acontecer na frente de milhares de testemunhas, e de outros músicos; um pesadelo ansioso que vira realidade. Já passamos muito tempo isolados no subterrâneo, nas entranhas de arenas e estádios esportivos, em vestiários adaptados com cortinas pretas pesadas para esconder os ganchos de parede, chuveiros e banheiras. Meu irmão adora tocar flauta doce e violino nesses banheiros coletivos, grandes e revestidos com azulejos brancos, por conta da reverberação clara que fornecem. A gente perde a noção do tempo nesses camarins – você chega lá com horas de antecedência e, de repente, são 8h30min e está na hora de tocar.

Quando chegamos a uma casa de shows perto da hora do almoço, procuramos o bufê e o camarim. Longas caminhadas em círculo, ao redor da área externa da arena Smoothie King. A equipe já está lá desde as 5h da manhã, montando o palco e colando as sinalizações, setas coloridas em verde e azul com a arte provocativa de Dan, exibindo florestas escuras e espinhos irregulares: outros mundos nos quais podemos nos perder. Uma parte da equipe estará ocupada montando a iluminação, se arrastando pela estrutura metálica sobre o palco, como a tripulação de um navio clipper afixando as velas a seus mastros. Na nossa turnê de 2008, havia estalactites de LEDs que formavam um campo de luz acima de nossas cabeças, varrendo, brilhando e pingando diodos de cor; na última turnê, uma prancha de surfe de luzes banhava o palco com uma luz suave e difusa. Trabalhamos com Andi Watson, nosso designer de iluminação, há quase tanto tempo quanto tocamos ao vivo e, além da compreensão empática que ele tem de nossas músicas, eu não teria tanta sorte com minhas fotos no palco sem seu apoio criativo.

Mas antes de tudo isso, antes do show à noite, há muitos "olá" e "como você está", o social da equipe técnica que está ocupada abrindo caixas enormes lotadas de guitarras americanas antigas. Eu costumava passear pelas vastas arenas vazias em que tocamos, já que são nossas por uma noite, maravilhado com todo o equipamento que era transportado dos caminhões Peterbilt, brilhantes, vermelhos e prateados, para dentro do local, onde as caixas são abertas e seu conteúdo é reorganizado em vastos palcos de metal, cuidadosamente posicionados no piso da arena, sob uma cesta flutuante de alto-falantes, holofotes, telas de LED e globos espelhados, como sputniks pendurados. Há uma abundância de detalhes técnicos no palco que são mascarados na escuridão e ocultos por panos cinza, como a memória daquelas casas campestres com cheiro de naftalina em que já gravamos. Na passagem de som, eu costumava ficar no centro do palco, envolto por tudo aquilo, técnicos da equipe ao meu redor fazendo os ajustes finais, e outros ocupados com as caixas abertas com guitarras nas laterais. E, no fim de cada noite, a equipe com camisetas do Radiohead, com cores específicas para iluminação, som etc. fechava as caixas novamente e as transportava aos seus respectivos trailers, usando capacetes de segurança brancos, como personagens da Nintendo em uma partida gigantesca de Tetris.

América

Sempre nos inspiramos em bandas inglesas que iam aos EUA para tocar e ficavam lá por semanas, até meses. Nossa primeira turnê começou em Boston, uma cidade durona e com um público já devidamente saciado de música. Nós estávamos afetados pelo jet lag, e a plateia só aumentou nosso medo no palco. Mas, conforme viajamos mais ao sul e ao oeste, nos aprofundando em nosso sonho americano, abrimos mão de nossas inseguranças defensivas inglesas. Quando chegamos à dourada Costa Oeste e a Los Angeles, já tínhamos abraçado de vez nosso sonho de tocar música pelo resto de nossas vidas, em um país e uma cultura que tinham nos nutrido com suas canções e histórias.

Naquela turnê inicial, viajamos no conforto de um ônibus largo e prateado, com painéis de alumínio estriados e, na lateral, uma enorme ilustração em aerógrafo de um cavalo branco galopando pelas ondas do oceano. Chegávamos cedo no clube ou teatro *art déco*, talvez no Deep Ellum do centro de Dallas, saíamos de qualquer jeito do ônibus, dando de cara com um dia claro, e batíamos nas portas de saída de emergência para usar o banheiro do local, antes de pegar um táxi para o quarto de hotel barato. Os clubes eram em localidades mais descoladas e liberais da cidade, quando a polícia e a prefeitura ainda não tinham decidido o que fazer com eles, e passávamos nosso tempo livre explorando cafés, pequenas livrarias e lojas de discos independentes, e brechós que vendiam roupas vintage americanas que reconhecíamos de todos os filmes. Com aquela simpatia e cortesia americana, claramente diferente da formalidade do nosso país de origem, nos perguntavam de onde éramos e o que estávamos fazendo lá. Dizíamos que éramos de uma banda, na nossa melhor pronúncia BBC possível, e que tocaríamos naquela noite no Chameleon Club, na West Queen Street.

A adrenalina do sucesso de "Creep" nos EUA provavelmente nos salvou de termos nosso contrato cancelado pela EMI, e nos deu a possibilidade de gravar *The Bends* em 1994, apesar de esse disco ter passado despercebido por tantos em seu lançamento, e de alguns terem dito que teríamos apenas um sucesso na carreira. Falei com muitos jornalistas musicais que receberam uma cópia promocional de *The Bends*, deixaram-na pegando poeira sobre seus computadores e só a tocaram após ouvirem falar bem do disco. Três anos depois, após o sucesso que o álbum conquistou aos poucos e todos os shows que fizemos para divulgá-lo, ninguém queria cometer o erro de deixar *OK Computer* passar batido.

Em 1995 e 1998, fomos ao Japão, tocando em clubes que lembravam aqueles pelos quais tínhamos passado nos EUA. Estávamos a fim de fazer mais que meros shows protocolares nas cidades grandes. Em todos os lugares que visitávamos, éramos seguidos por um pequeno grupo de fãs – lembro de fazermos uma guerra de bolas de neve com eles, quando nosso trem a caminho de Nagano quebrou durante uma nevasca. Uma noite, poderíamos estar tocando em uma pequena sala de reuniões de um hotel ao lado do rio Hakata, em Fukuoka; na seguinte, um hall no sétimo andar de um prédio alto no caos de concreto comprimido e neon do distrito Shinjuku, em Tóquio. O jet lag nos afetou muito no começo, especialmente a Phil. Nosso selo no país, Toshiba EMI, logo percebeu isso e, junto de alguns fãs japoneses muito animados, inauguraram o Phil Is Great Fan Club ["Fã-Clube Phil é Legal"], com um almoço comemorativo servindo seu prato preferido: bife e batata. Phil, como sempre, foi o anfitrião perfeito.

10A
10B
9A
9B

olivier messiaen
FÊTE DES BELLES EAUX
MUSIQUE RITUELLE
à travers temps et pays

RADIOHEAD

MARGARITAVILLE
MARGARITAVILLE

MUSIC

A1
A2
A4
B1
B2
B4
B5
C1
C2
C4
C5
C7
C8
D1
D4
D6
D7
E2
E5
E6

Fly Emirates
Fly Emirates
Fly Emirates
Fly Emirates

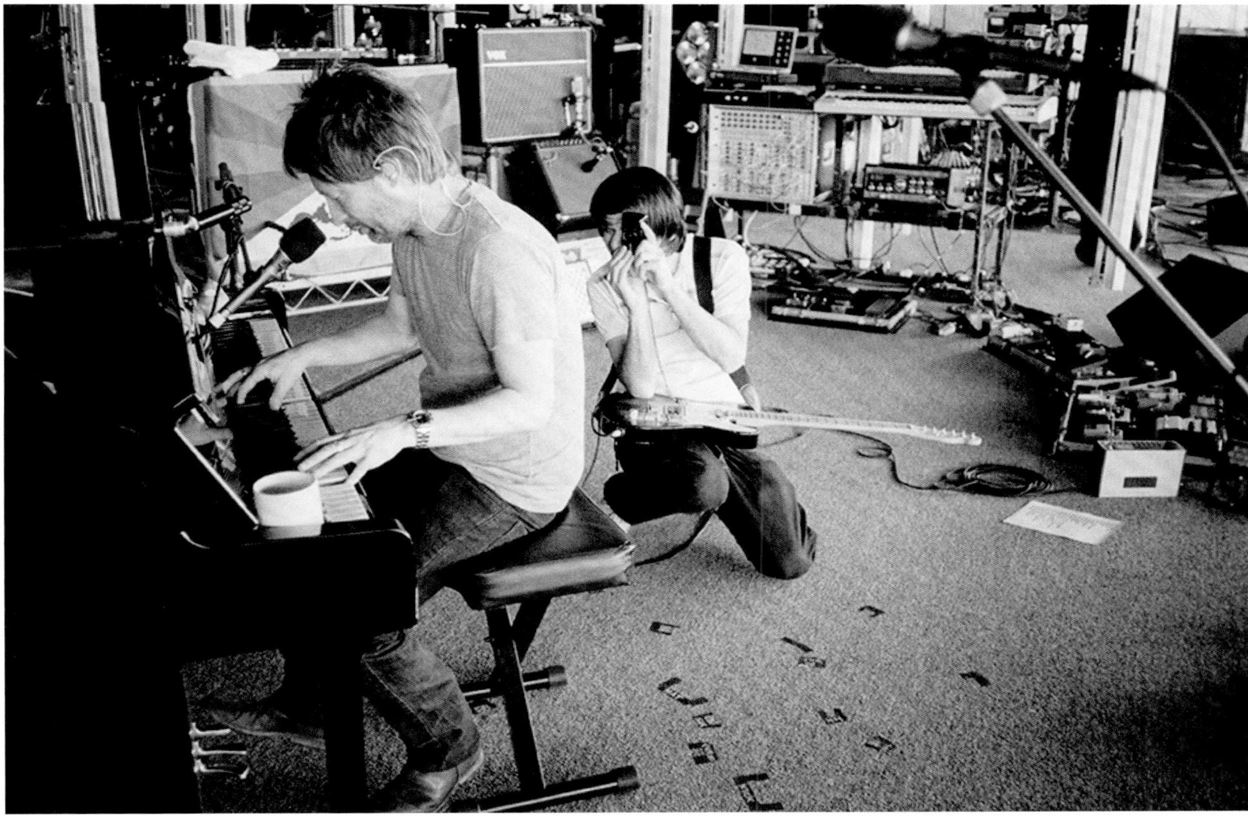

Arenas, Passagem de Som, Show, Festivais, Exit Music

Arenas

Nossas jornadas longas e íntimas pelo centro dos EUA começaram a mudar em 1995, quando o REM nos convidou para abrir seus shows. Eles estavam tocando em arenas esportivas enormes, com palcos altos, muitas vezes maiores do que qualquer lugar em que já tínhamos nos apresentado. Eu me lembro do nosso ônibus de turnê American Eagle dirigindo pelo meio da arena St. Petersburg ThunderDome, na Flórida, como um carrinho Hot Wheels perdido sob uma mesa de jantar. O Dome, forrado de anúncios de refrigerantes e times esportivos, era coberto por um colossal teto curvado, com um pequeno círculo de luzes em seu ápice, de onde uma pomba-de-colar tentava desesperadamente escapar. Todos os shows do REM eram nesse tipo de arena, fora da cidade e cercada de estacionamentos que levavam diretamente às rodovias (após os shows, voltávamos a eles para jogar frisbee e fazer churrascos nos ônibus). Passávamos o dia inteiro lá, naquele microclima de ar condicionado e reciclado, vendo milhares de pessoas comprando suas bebidas, um ambiente aterrorizante e deslocado, se comparado ao calor humano dos clubes. Mas conseguíamos relaxar e tocar nossas músicas de forma diferente, dando mais espaço ao som que enviávamos através daquelas cavernas enormes e escuras, enquanto nós ficávamos próximos uns dos outros, nos palcos gigantescos e cobertos de carpete.

Aprendemos muito com o REM, pois eles mesmos tinham aprendido a aumentar a escala de suas performances para as plateias maiores. Toda a atmosfera daqueles shows ficou diferente, alterando nossa conexão com a plateia. As viagens e as experiências nos bastidores mudaram também, isolando-se de forma hermética, como uma bolha de covid.

Sair em turnê é como levar seu escritório com você todo dia, mas, ao invés de se despedir às 17h, você pega um ônibus e viaja de um show para o outro, compartilhando um dormitório ambulante com seus colegas de trabalho. Acordar na manhã seguinte e fazer aquela primeira xícara de café, acompanhando o balançar do ônibus que trafega pelo deserto do Arizona, é uma daquelas experiências extraordinariamente românticas de pegar a estrada nos EUA. Já cruzamos o continente em American Eagles, e também no mais quadrado e espaçoso Prevost – flutuando pelas vastas paisagens americanas, jogando bridge no lounge dos fundos enquanto o ônibus desacelera para sair da rodovia e entrar em Phoenix. Os ônibus são configurados para terem um longo lounge na frente, com beliches para até 12 pessoas na parte do meio, cujos nomes são registrados em fita adesiva sobre o revestimento reluzente. Todo mundo tem seu beliche favorito. Eu geralmente prefiro as camas de cima: é mais quieto lá. Na Inglaterra, os ônibus são mais utilitários, geralmente com dois andares, mas com um dormitório mais apertado. Dizem que uma vez Elvis Costello levou um ônibus de turnê americano até o Reino Unido, mas ele foi sabotado por uma empresa de transporte inglesa que se preocupou com a concorrência e encheu seu tanque de gasolina com açúcar.

Eu amo sair do ônibus da banda e ir para o da equipe de palco, onde tem reggae e cerveja gelada no lounge dos fundos, e livros e xadrez no da frente. Na manhã, nosso técnico de guitarra, Peter "Plank" Clements, fazia chá com torradas, e nós ficávamos sentados lá, encarando infindáveis desertos e pradarias, hora após hora – as cercas brancas de cidadezinhas do Centro-Oeste, os vastos trechos de pasto verde –, sentindo-nos gloriosamente à deriva, até que os arranha-céus iluminados apareciam no horizonte, nosso próximo destino.

No começo da banda, uma das primeiras coisas que compramos com o dinheiro que a EMI nos deu para a turnê foi um conjunto de cases de transporte, e escolhemos a cor roxa, achando que seria mais difícil perder aquelas caixas pesadas e com rodinhas até retornarem à van enferrujada de volta para Oxford. Compramos um Volkswagen LT45, todo surrado, enorme, de uma garagem na estrada circular de Oxford. Esse veículo tinha sido usado para quebrar a greve quando Murdoch transferiu suas gráficas para Wapping. Ainda tinha os adesivos desbotados dos jornais dele nos painéis laterais, e algumas barras pretas ameaçadoras no para-choque. Parafusamos placas de compensado no interior para nos separar do equipamento e instalamos uns velhos bancos de carro da Rover para podermos nos acomodar nas longas viagens de volta para casa.

Um momento importante do dia é a escolha do setlist daquela noite. Isso é feito por Ed, Thom e Phil, e pode acontecer em qualquer lugar, do bufê nos bastidores até trens-bala no Japão. Jonny e eu ficamos fora desse processo. Ficamos felizes de tocar qualquer coisa, em qualquer ordem, então não temos muito a contribuir. Muitas bandas com produções grandes mal mudam seus setlists, para evitar atrapalhar a configuração e o trabalho das equipes de iluminação e som. Mudamos algumas músicas na maioria das noites, o que perturba nossa equipe um pouco. Mas parece ser mais divertido, mais alinhado à própria ideia de uma turnê, quebrar o ritmo repetitivo de tocar em todas aquelas arenas anônimas.

Passagem de Som

Por volta das 15h, subimos ao palco na arena Smoothie King, desviando da equipe de iluminação, que está marcando os pontos onde vamos ficar. Sempre fico entre as duas plataformas de bateria ao fundo, na frente dos meus alto-falantes, que ficam discretamente deitados na horizontal, como um sofá de baixo dub. Ao lado fica meu amplificador SVT, brilhando com suas válvulas, feito lâmpadas fraquinhas detrás de uma tela prateada cintilante. Meus dois baixos – um Fender Precision 1972 na cor creme, de uma banda de igreja do Connecticut, e um Precision 1963, batido e de acabamento *sunburst*, que eu comprei com Nigel em Austin, no Texas – ficam aninhados em seus suportes pretos. Tenho um pedalboard para afinar e acrescentar distorção, um belo som de fuzz para algumas das canções. Eu só consegui permissão para ter meus pedais no chão recentemente, pois houve casos em que pisei neles por acidente em músicas mais calmas.

Ao tocar algumas músicas em palcos de teatro, espaços criados para projetar o som para a frente, ficamos confiantes, e nossas ideias ganham asas. A passagem de som pode ser o melhor momento para criar novas partes para as canções, por conta dessa atmosfera performática, da necessidade de fazer tudo instintivamente, ao vivo, mesmo que a única plateia seja uma parte da equipe. É como tocar em uma sala de ensaio audiovisual extremamente cara, antes do estresse de ter um público à sua frente.

Em noites anteriores, os enormes auditórios poderiam ter recebido times esportivos: talvez os New Orleans Pelicans, o Miami Heat, os Boston Celtics. Ao contrário dos teatros antigos, essas caixas pretas multifuncionais não são assombradas por shows do passado. No começo de nossa jornada, eu pegava no sono à noite sonhando em tocar em um palco como o Madison Square Garden. O palco é como um ninho, um púlpito de onde você pode ver a escuridão vazia. No movimento do quarto para a estrada, para o ônibus, para o carro, para o avião e para o quarto de novo, estranhamente, aquilo se torna a sua única constante no decorrer dos meses em turnê – o carpete cinza que forra o palco e viaja com você para todo lugar. Tudo nele é marcado com tiras de fita preta e fluorescente, um X indicando onde você deve ficar.

Quando estamos no palco, trazem-nos garrafas de água, toalhas, guitarras elétricas, aninhadas e protegidas, a equipe andando premeditada e vagarosamente, cuidando para não tropeçar em cabos ou caixas. Entre dois bateristas, meu corpo chacoalha com o som, mas meus ouvidos recebem um canal de som que separa os instrumentos e protege minha audição. Com o calor do sofá de dub atrás de mim, tenho o luxo de ficar no meu banho sonoro particular, ouvindo a melodia e o ritmo se combinando.

Fones de retorno intra-auriculares especializados fornecem todos os sons de que você precisa para entender as canções. Eles substituíram as caixas de retorno pretas que costumavam ficar na frente do palco, convidando o músico a colocar um pé sobre elas em momentos musicais mais empolgantes. Os fones são individualmente moldados pela mesma empresa de Chicago que trabalha com pilotos de Fórmula 1 e astronautas da NASA. Eles nos protegem de todo o barulho confuso do palco, fornecendo nossas próprias mixagens da caixinha sem fio afixada com fita a nossos cintos. As mais chiques contêm pequenos microfones, que captam as mudanças no som conforme você anda pelo palco – algo que eu, enquanto baixista, provavelmente não devo fazer. Meu técnico, Adam, me ameaça ao me dar um cabo enrolado e bem curto, como os que o Clash usava nos anos 1970, para evitar que eu saia do meu canto.

É importante, especialmente para o vocalista, poder ouvir o público na frente, então o som da plateia também entra no mix que vai para nossos ouvidos (sim, tem um microfone para eles também, pois fazem parte da performance). Sem isso, fazer um show pode soar como estar trancado dentro de uma caixa sem eco, no fundo do oceano, sem alguém para nos ouvir. Isso aconteceu uma vez conosco, no Leeds Festival. Com o passar do show, Thom começou a acreditar que as 60.000 pessoas na nossa frente estavam fazendo alguma espécie de protesto silencioso bizarro, ali, no escuro. Depois, descobrimos que o Arctic Monkeys e o Kings of Leon tinham passado por algo similar na mesma noite, no Reading Festival. Thom achou que ele tinha perdido a plateia e ficou desolado, mas, na verdade, apenas não conseguia ouvi-la em seus fones. Na noite seguinte, em Reading, mudamos o setlist, o engenheiro de som aumentou o volume do público no retorno, e Thom subiu ao palco com seus braços erguidos, como um apresentador de game show anunciando o começo da diversão da noite.

Show

Tocar ao vivo exige uma disposição diferente do que tocar no estúdio: o mar de braços e cabeças lentamente se dissolvendo no anoitecer ou, se estivermos em uma arena, desaparecendo na nossa frente no momento em que as luzes são apagadas, deixando-nos repentinamente desligados e sozinhos, como um rolo de filme virgem no interior da câmera. É mais fácil aceitar o tamanho de um público quando conseguimos vê-lo – andar por um palco quase completamente escuro, sabendo que eles estão lá, em algum lugar, é mais alarmante. Inspirado pelo primeiro livro de fotografias que eu amei – *Vagabond*, de Gaylord Oscar Herron –, tentei capturar minha experiência com plateias do Radiohead. Há uma foto em particular no livro de Herron demonstrando um pequeno grupo de jovens no que parece ser um festival de country. É interessante, porque consegue capturar a energia coletiva de várias pessoas e, ao congelar o espaço e o tempo, te deixa encontrá-los individualmente: capturados em um momento, perdidos em seus próprios momentos.

Não há nada que você possa fazer para desviar ou atrasar o medo que surge logo antes de subir ao palco. Assim que você chega lá, exposto, você aprende a se perder na música. Com o passar do tempo, aprendi a não focar nas dúvidas. Às vezes, geralmente perto do começo da turnê, se você tem alguma dificuldade, começa a analisar todos os fragmentos de som que você cria, procurando erros ou lapsos na sincronia com seus colegas de banda. Quando tudo dá certo, a música parece se mesclar e ganhar sua própria vida coletiva. A canção acaba, você ergue a cabeça e olha para a plateia, e nem percebe que já terminou de tocar. É como se a canção tivesse tocado a si própria, e nós estivéssemos apenas comandando uma enorme caixa de música, feita de luz e som. Você é transportado para fora de si, absorvido por uma onda crescente de tranquilidade e euforia, levado a um lugar de comunhão total com a plateia.

Festivais

Tocar ao ar livre pode parecer *ad hoc*, mas isso traz uma certa sensação de crueza, o que é refrescante. Há menos controle sobre o espaço, e o seu técnico de iluminação está chorando porque só escurece às 22h mas você começa a tocar às 20h. Já passamos por enchentes relâmpago na França, tempestades violentas arrastando cases roxas em Buffalo Run, Virginia, e, uma vez, em San Diego, um míssil do programa de testes Star Wars, de George W. Bush, passou por cima da plateia no meio do show, iluminando o céu noturno, a única pirotecnia que já tivemos ao vivo.

O primeiro festival em que tocamos foi o Bevrijdingspop, em Haarlem, nos Países Baixos. *Bevrijdings* significa "libertação", e o pequeno festival faz parte das celebrações que comemoram a libertação dos Países Baixos da tirania nazista em 5 de maio de 1945. Fomos a segunda banda a tocar, no meio de uma tarde ensolarada de quarta-feira, em um palco modesto de um parque cívico, com habitantes da cidade andando por ali, comendo sorvete e waffles, aproveitando seu feriado nacional. Não tenho qualquer memória de ter tocado, além de ver pessoas em bicicletas de guidão curvo, com a postura ereta, passando pelas lagoas com patos e pelos canteiros com tulipas laranja e brancas; depois, a dupla pop holandesa 2 Unlimited fechou o festival no pôr do sol com seu hit furiosamente otimista "No Limit".

Há uma sensação de algo pré-elétrico, até primordial, especialmente se você toca enquanto o sol está descendo. O tempo passa diferentemente com a música tocando – ele desacelera, e você consegue ver as estrelas surgindo no céu noturno enquanto você emite sons e luzes para aquele gramado cheio de rostos, livre do eco metalizado criado pela reverberação de uma arena. No Coachella, os campos de polo são tão planos, e o ar do deserto tão limpo, que, quando as luzes do palco se acendem, elas se espalham pela plateia como os faróis de um carro em um filme de suspense policial. Dentro do cânion dourado de Red Rocks, nas alturas das montanhas do Colorado, a plateia fica empoleirada em bancos de pedra que sobem em frente ao palco, como um precipício. Você consegue enxergar todos os rostos, revelados pelas luzes que saem do palco; o público fica tão inclinado e alto que você acha que podem cair em cima de você a qualquer momento. Tem o urro suave dos fãs que subiram nas copas das árvores que cercam o Greek Theatre, em Los Angeles; outros fãs em cima de árvores em um vulcão inativo nos arredores de Atenas; e a lua da colheita rechonchuda que parecia um ovo no céu enquanto tocávamos no anfiteatro romano em Fréjus, na França.

Minhas fotos favoritas de Ed foram tiradas em Glastonbury, que ele adora visitar todo ano, estejamos nós tocando lá ou não. Ele adora o caos organizado do que, por quatro noites, torna-se a terceira maior cidade no sudoeste da Inglaterra. Como uma banda, ficamos muito mais expostos, com menos controle, apenas uma pequena parte do rol de entretenimento daquele fim de semana aparentemente infinito no meio do verão. O público já está lá há muito mais tempo que você: você está lá para juntar-se à herança pagã do local. Naqueles campos enormes, com fãs de música até o horizonte, tendas enormes e clubes noturnos iluminando aviões batidos, sua performance representa apenas alguns quadros de um enorme filme psicodélico de som e luz.

O Glastonbury – um festival no qual um fazendeiro te convida a tocar em um campo – confere uma humildade musical ímpar, que gera uma forma esquisita de pressão que nenhum outro evento consegue alcançar. Subir ao palco naquela luz empoeirada do meio do verão – ou, certa vez, na chuva implacável – é assustador, porque isso significa tanto para mim, fazer parte de algo que, assim como a peça *Jerusalem*, de Jez Butterworth, celebra uma ideia britânica de loucura de verão, as raves ilícitas e comunhões dos anos 1980 que eu tinha visto na minha adolescência. Quando você consegue convencer 100.000 foliões a esperar e ficar com você no anoitecer, um foco estranho e hipnótico toma conta de você, enquanto a música se espalha pelo vale.

Exit Music

Uma das minhas fotos favoritas de Ed mostra-o logo após sair do ônibus em Blackpool, esperando por seu café da manhã, em 12 de maio de 2006. Estávamos tocando músicas de nosso disco que ainda seria lançado, *In Rainbows*, e David Fricke, da *Rolling Stone*, foi ao show para escrever sobre nós. Tínhamos acabado de pegar a estrada nos Países Baixos, talvez passando por Oxford – não me lembro –, e estávamos prestes a tocar no lindo Empress Ballroom, com seus arcos brancos e largos, lustres que tremiam e reluziam enquanto tocávamos e um piso de madeira suave que se tornou outra bateria enquanto a plateia dançava. Antes de tudo isso, os olhos de Ed encarando o infinito e seu cabelo de quem acabou de acordar diziam "me deixem em paz, pelo menos até eu tomar um café". Em uma imagem daquela mesma turnê, a mala vermelha de plástico de Jonny explode com jeans e roupas amassados. Outra foto o traz segurando um disco que ele tinha acabado de encontrar em Blackpool, chamado, profeticamente, *Musique Rituelle – à travers temps et pays*. Ele está sentado no lounge dos fundos de um ônibus de turnê inglês muito feio, com estofados de courino em caramelo e turquesa e uma mesa de bebidas revestida com o tipo de borracha antideslizante que você coloca debaixo de tapetes, para todas aquelas infindáveis xícaras de chá que você bebe na estrada de volta até Oxford.

Tem uma foto de Thom juntando suas mãos – é o fim da noite, em algum lugar dos EUA. Não tenho certeza de onde foi, porque a imagem é muito turva e aquelas cavernas sombrias são tão similares. Digamos que seja a Smoothie King Arena, em New Orleans, 3 de abril de 2017, por volta das 23h. Terminamos nosso segundo bis, e Thom está lá, agradecendo as 20.000 pessoas à nossa frente. A faixa branca à esquerda de Thom é seu piano Rhodes preto e branco, com rodinhas, que é colocado e tirado do palco como um adereço musical. Eu continuei no palco após os outros saírem, e estou à esquerda, mais perto do microfone de Ed, para capturar a imagem de Thom com a plateia.

As duas horas e meia que vieram antes foram cheias de luzes e cor: azuis, verdes e amarelos ácidos, o roxo quase ultravioleta que dá um brilho 3D extra a tudo no palco. Há holofotes ativados por controle remoto, câmeras, vários globos espelhados, vídeos sobre uma tela prateada em formato de prancha de surfe que ocupa todo o palco e é coberta por milhares de diodos que emitem luz. Trinta anos atrás, você podia acidentalmente queimar sua perna em uma lâmpada no chão, e agora o calor branco da tecnologia é relativamente frio, pixelizado e intensamente claro. Um dia, essa tela ao fundo terá mais resolução e fidelidade que os próprios artistas à sua frente.

Mas, no fim do show, as luzes do palco se apagam, as luzes da casa continuam fracas, e finalmente ficamos sozinhos, com nosso campo de força, na frente de todas aquelas pessoas. Eles estão com seus telefones erguidos, como isqueiros, para a última balada. Os LEDs estão acesos dessa vez, para ajudar a iluminar a súbita escuridão, enquanto a plateia filma a cena. Muitos estão transmitindo ao vivo de seus telefones – milhares de instrumentos de transmissão, cada pessoa enviando seu vídeo para jovens na internet, espalhados pelo mundo e seus vários fusos horários. Esses pontos de luz criam uma aura, uma fosforescência peculiar, como criaturas das profundezas saudando umas às outras dentro da barriga escura da Smoothie King Arena, uma onda de luz que vai desde a pista até os assentos mais altos, perto dos deuses. Após 60 segundos, as luzes de segurança da casa irão inundar e encerrar essa cena, até ela se criar novamente, duas noites depois, no Dunkin' Donuts Center.

Roland

1 Radiohead Studio, Oxon., Reino Unido, 2010
5 Radiohead Studio, Oxon., Reino Unido, 2010
6 Radiohead Studio, Oxon., Reino Unido, 2010
7 Radiohead Studio, Oxon., Reino Unido, 2010
8 Radiohead Studio, Oxon., Reino Unido, 2010
9 Radiohead Studio, Oxon., Reino Unido, 2010
11 Radiohead Studio, Oxon., Reino Unido, 2010
12 La Fabrique, França, 2015
13 Radiohead Studio, Oxon., Reino Unido, 2010
14 Radiohead Studio, Oxon., Reino Unido, 2010
15 Radiohead Studio, Oxon., Reino Unido, 2016
16 EUA, 2016
17 EUA, 2016
18 Radiohead Studio, Oxon., Reino Unido, 2003
19 EUA, 2008
20 Los Angeles, EUA, 2011
21 Radiohead Studio, Oxon., Reino Unido, 2006
22 Halswell House, Somerset, Reino Unido, 2006
23 Londres, Reino Unido, 2008
25 Somerset, Reino Unido, 2006
26 Tottenham House, Wiltshire, Reino Unido, 2006
27 Tottenham House, Wiltshire, Reino Unido, 2006
29 La Fabrique, França, 2015
30 Los Angeles, EUA, 2011
31 Radiohead Studio, Oxon., Reino Unido, 2003
32 Radiohead Studio, Oxon., Reino Unido, 2014
41 Radiohead Studio, Oxon., Reino Unido, 2014
42 Ocean Way Studios, Los Angeles, EUA, 2003
43 Halswell House, Somerset, Reino Unido, 2006
44 Radiohead Studio, Oxon., Reino Unido, 2007
45 The Strongroom, Londres, Reino Unido, 2015
46 La Fabrique, França, 2015
47 Los Angeles, EUA, 2011
49 Radiohead Studio, Oxon., Reino Unido, 2003
50 Los Angeles, EUA, 2011
51 Los Angeles, EUA, 2011
52 Los Angeles, EUA, 2011
53 La Fabrique, França, 2015
54 Tottenham House, Wiltshire, Reino Unido, 2006
55 Tottenham House, Wiltshire, Reino Unido, 2006
56 Los Angeles, EUA, 2011
57 Los Angeles, EUA, 2011
58 La Fabrique, França, 2015
59 Radiohead Studio, Oxon., Reino Unido, 2015
60 Air Studios, Londres, Reino Unido, 2015
61 Air Studios, Londres, Reino Unido, 2015
63 Chateau Marmont, Los Angeles, EUA, c.2003
64 Oxon., Reino Unido, 2016
65 Oxon., Reino Unido, 2016
66 Londres, Reino Unido, 2003
67 Radiohead Studio, Oxon., Reino Unido, 2003
69 EUA, c.2008
70 Coachella, Palm Springs, EUA, 2012
71 Reino Unido, c.2008
72 Japan, 2003
81 Japan, 2008
82 Blackpool, Reino Unido, 2006
83 Blackpool, Reino Unido, 2006
84 Los Angeles, EUA, 2011
85 Los Angeles, EUA, 2011
86 Japão, 2008
87 Japão, 2008
88 Londres, Reino Unido, 2011
89 EUA, c.2007
90 Reino Unido, c.2011
91 Reino Unido, c.2011
92 Houston, EUA, 2008
93 EUA, c.2008
94 EUA, c.2016
95 EUA, c.2016
96 Blackpool, Reino Unido, 2006
97 Blackpool, Reino Unido, 2006
98 Glastonbury, Somerset, Reino Unido, 2011
99 Glastonbury, Somerset, Reino Unido, 2011
101 Chicago, EUA, 2016
102 EUA, c.2018
103 Chile, 2018
104 Los Angeles, EUA, 2009
105 Reino Unido, c.2017
106 EUA, c.2008
107 Manchester, Reino Unido, 2017
108 EUA, c.2008
109 EUA, c.2008
110 Japão, 2016
111 EUA, c.2011
112 EUA, c.2016
121 EUA, c.2016
122 Montreal, Canadá, 2016
123 EUA, c.2016
124 Dublin, Irlanda, 2018
125 EUA, c.2016
126 EUA, c.2016
127 EUA, c.2016
128 EUA, c.2016
129 EUA, c.2016
130 EUA, c.2016
131 EUA, c.2016
133 EUA, c.2016

Para J, A e H, com amor.

Agradeço a Nicholas Pearson,
Charlotte Robathan, Diana Talyanina,
Charlotte Cotton, Michael Mack,
Duncan Whyte e Ellie Pridgeon.

Título original: *How to Disappear: a portrait*
Publicado mediante acordo com a John Murray Press

Publisher
Gustavo Guertler
Coordenador editorial
Germano Weirich
Supervisora comercial
Jéssica Ribeiro
Gerente de marketing
Jociele Muller
Supervisora de operações logísticas
Daniele Rodrigues
Supervisora de operações financeiras
Jéssica Alves

Edição
Belas Letras
Tradução
Fernando Scoczynski Filho
Preparação e revisão
Germano Weirich
Adaptação da capa e do projeto gráfico
Celso Orlandin Jr.
Design original
Duncan Whyte

2025

Editora Belas Letras Ltda.
Rua Visconde de Mauá, 473/301 – Bairro São Pelegrino
CEP 95010-070 – Caxias do Sul – RS
www.belasletras.com.br

Dados Internacionais de Catalogação na Fonte (CIP)
Biblioteca Pública Municipal Dr. Demetrio Niederauer
Caxias do Sul, RS

G816h Greenwood, Colin
How to disappear: Radiohead em imagens / Colin Greenwood; tradutor: Fernando Scoczynski Filho. - Caxias do Sul, RS: Belas Letras, 2025.
136 p.: il.

Contém fotografias.
Título original: *How to disappear: a portrait of Radiohead*
ISBN: 978-65-5537-423-0

1. Radiohead (Conjunto musical). 2. Rock (Música).
I. Scoczynski Filho, Fernando. II. Título.

24/88 CDU 784.4(420)

Catalogação elaborada por Vanessa Pinent, CRB-10/1297

RADIOHEAD